Nortons philosophische Memoiren

NORTONS PHILOSOPHISCHE MEMOIREN

Verfasst von
Norton Kierkegaard

Aufgezeichnet von
Håkan Nesser

Illustriert von Karin Hagen
Übersetzt aus dem Schwedischen von Paul Berf

btb

INHALT

1.

Stadien auf dem Lebensweg

(2004–2009)

Darin enthalten: *Der Mann auf der Heide*
– eine Erzählung aus der Wirklichkeit

OUVERTÜRE

Nein, macht euch nichts vor.

Ich bin kein Philosoph. Ich bin ein Hund. Aber ich sehe aus wie ein Philosoph, der Ansicht sind die meisten, außerdem bin ich mir nicht sicher, ob der Unterschied tatsächlich so groß ist, wie man gemeinhin annimmt. Wenn überhaupt, besteht er wohl darin, dass wir Hunde unsere Überlegungen für uns behalten. Was Vor- und Nachteile hat.

Ich bin ein sogenannter Rhodesian Ridgeback. Meine Vorfahren pflegten Löwen in Afrika zu jagen, aber ich selbst bin ein moderner, urbaner Hund, der im Großen und Ganzen nichts mit der Jagd am Hut hat. Während ich dies hier schreibe, befinde ich mich mit meinem Herrchen in einem Gasthaus in einer englischen Heidelandschaft. Es ist nicht die Heide von Baskerville, diese hier heißt Exmoor und liegt direkt daneben.

Ich werde erzählen, was gestern passiert ist, zum einen, weil es eine lehrreiche Geschichte ist, zum anderen, weil ich mich noch recht gut an sie erinnere – was nicht so oft vorkommt. Aber eins nach dem anderen. Lasst mich von vorn anfangen, das ist immer eine gute Idee.

PORTRÄT DES AUTORS
ALS JUNGER WELPE

Geboren wurde ich irgendwo in der Ebene westlich von Uppsala, ich habe kaum Erinnerungen daran. Anfangs war ich blind und taumelte zwischen meinen Geschwistern umher. Wir kackten und wir bissen uns und wurden gesäugt, und unsere Mutter – die, wie ich leider sagen muss, ein ziemliches Aas war – versuchte uns zu erziehen, so gut sie konnte. Ohne sonderlich großen Erfolg, wie ich auch sagen muss.

Nach einer Weile bekamen wir die Augen auf, aber in dieser ersten Zeit gab es nur wenig mehr zu sehen als unsere Familie. Wir lebten in einem ausgeklügelten Compact-living-Stil, und ich weiß noch, dass ich dachte, also, wenn das nicht besser wird, wäre man lieber zwanzig Generationen früher in Afrika zur Welt gekommen. Wenngleich wir Futter und Wasser bekamen und es uns an nichts fehlte.

Als ich ungefähr zwei Monate alt war, wurde ich adoptiert. Zwei langbeinige Menschen, ein Mann und eine Frau, holten mich ab, steckten mich in ein Auto und fuhren mit mir in die Stadt. Wenn ich Stadt sage, meine ich Uppsala. Die Wohnung war groß und schön, aber in der ersten Zeit hielt ich mich meist auf einer Matratze unter einer Bank in der Küche auf. Sobald ich pinkeln musste, hoben sie mich hoch und trugen mich auf den Hof hinaus, woraus ich schloss, dass die Toilette draußen war. Für das eine wie das andere.

Es gab in dieser Wohnung ein paar gute Plätze. Zum Beispiel einen großen, weichen Hocker mit einem Schafsfell darauf, auf dem ich einen Großteil meines ersten Jahres verbrachte. Genau wie ein brauner Ledersessel, auf dem ich sitzen und auf einen Fluss hinausschauen konnte. Dieser hieß Fyris, wie ich irgendwann erfuhr, und floss recht träge. Das entsprach indes mei-

nem Temperament; ich bin ein ausgesprochen ruhiger Philosoph, ich meine, Hund, insbesondere, wenn ich mich im Haus aufhalte. Ich kann bis zu fünfzehn Stunden am Tag schlafen, und selbst, wenn ich wach bin, lasse ich es mit Vorliebe ruhig angehen. Es gibt Menschen, die glauben, ich wäre ausgestopft, aber das trifft nicht zu.

Einer der Unterschiede zwischen Philosophen und Hunden besteht darin, dass wir Letztgenannten ein ziemliches Faible für das Leben außer Haus haben. Allerdings nicht im Übermaß, ein paar Stunden pro Tag reichen völlig. Mein neues Herrchen und mein Frauchen begriffen das; vermutlich hatten sie das eine oder andere Hundebuch gelesen, nehme ich an, denn ich musste ihnen im Grunde nichts erklären. Jeden Tag steckte mich einer der beiden ins Auto, und dann fuhren wir in den Wald. Verschiedene Wälder, meiner Schätzung nach fünfzehn Minuten oder eine halbe Stunde von der Stadt entfernt. Ich habe es von Anfang an geliebt, Auto zu fahren, zum Glück, wenn man mein weiteres Schicksal bedenkt.

Manchmal wurde ich auf diesen Waldspaziergängen von einem Kameraden begleitet. Er war ein Schäferhund und hieß Kastor. Anfangs lief das noch recht gut, wir tollten wie optimistische Irre über Stock und Stein und zwischen den Bäumen herum; Moos und Stöckchen und Heidelbeerreisige wirbelten durch die Luft, aber als Kastor geschlechtsreif wurde, verschlechterte sich seine Laune zusehends. Wir gerieten mehrfach aneinander, es kam zu Blutvergießen und allem Möglichen, und ich musste leider feststellen, dass er stärker war als ich.

Ungefähr in diesem Stadium meines Lebens beschloss ich, Pazifist zu werden. Das ist eigentlich eher unüblich unter uns Philosophen, Verzeihung, ich meine, Hunden, dennoch möchte ich behaupten, dass ich meiner Linie treu geblieben bin. Ich bin generell nicht aggressiv, kein bisschen. Selbst als meine langbeinigen Pfleger einen Kater namens Nelson anschleppten, blieb ich ruhig. Mit der Zeit wurden wir sogar richtig gute Freunde, Nelson und ich, obwohl er weiß Gott reichlich bescheuert war. Ich schreibe *war*, weil

Nelson inzwischen zu einer anderen Familie gezogen ist. Etwas später in seinem Leben hatte er in New York eine komplizierte Liebesaffäre, aber jetzt greife ich den Dingen voraus.

MEINE LEHRJAHRE

Die Langbeinigen schickten mich in diesem ersten Jahr in eine Art Schule, was eine ungewöhnlich triste Angelegenheit war. Wir waren etwa zehn junge Hunde, die alles Mögliche lernen sollten, was wir nicht tun wollten. Auf Kommando dahin und dorthin laufen, oder stillsitzen oder uns hinlegen oder Stöckchen holen und weiß der Himmel was noch alles. Gott sei Dank endete meine Schulzeit schon nach etwa einem Monat, und ich muss sagen, dass Ausbildung generell überschätzt wird.

Diese Familie, bei der ich wohnte, bestand nicht nur aus dem großen Mann, der großen Frau und dem bescheuerten Nelson. Es gab auch noch eine etwas kleinere, jüngere Frau, sowie jemanden namens Johannes, von dem ich lange Zeit nicht wusste, ob er nun ein Mensch oder ein Hund war. Er war auf jeden Fall kein Philosoph, aber wir hatten viel Spaß miteinander. Wir balgten uns und wälzten uns herum und bissen uns gegenseitig, aber dann zog er nach Stockholm und wurde Eishockeyspieler. Die kleinere, jüngere Frau war

ebenfalls zeitweilig verschwunden, ist in späteren Jahren jedoch zurückgekehrt.

Während unserer täglichen Waldspaziergänge lernte ich so manches. Unter anderem, dass Herrchen sich manchmal verläuft, aber stets zum Auto zurückfindet. Man braucht ihn nicht zu suchen, nicht einmal, wenn er irgendwo herumsteht und ganz verloren ruft; es kann nicht schaden, wenn er es allein lernt, ich will ihn nicht verwöhnen.

Es war eine ziemlich ruhige und angenehme Zeit, diese ersten Jahre in Uppsala. Man könnte sagen, dass ich eine gute Grundlage bekam, auf der ich aufbauen konnte. Doch dann, im Juni 2006, als ich ungefähr zweieinhalb war, endete dieses ruhige Dasein. Die große Wohnung am Fluss wurde systematisch von Möbeln befreit, sogar mein Hocker und meine Matratze verschwanden, und wirklich jedem musste daraufhin klar sein, dass ein Aufbruch vor der Tür stand.

Trotzdem staunte ich nicht schlecht, als wir, Frauchen und ich, zu einem großen Flughafen fuhren, wo ich in einen Käfig gesteckt und in ein Flugzeug geladen wurde. Da war es ein Glück, dass man sich seiner philosophischen Seite zuwenden konnte, sicherheitshalber hatte Frauchen mich allerdings zusätzlich unter Drogen gesetzt, so dass ich das einzig Richtige tat: Ich knackte ein und verschlief die ganze, acht Stunden lange Reise über den Atlantik.

Als wir ankamen, stellte sich heraus, dass wir in Amerika waren. Der träge Nelson war mit Frauchen die ganze Zeit in der Menschenabteilung des Flugzeugs gereist, und als ich endlich aus dem Käfig herauskam, stand Herrchen vor mir und nahm mich in Empfang. Er hatte sich ein grellbunt bemaltes Wohnmobil besorgt und erklärte, es werde in den nächsten drei Monaten unser Zuhause sein. Du liebe Güte, dachte ich; man ist afrikanischer Abstammung, man wird in der Ebene vor den Toren Uppsalas in Schweden geboren, und nun soll man sich auch noch durch die Vereinigten Staaten von Amerika kutschieren lassen. Der Philosoph in mir beschloss, zum Stoiker zu werden.

AMERIKA, FRÜHE MANNESJAHRE

Das große Land im Westen war, wie sich herausstellte, gar nicht so dumm. Heiß war es allerdings, den ganzen Sommer lang, aber ich achtete schon bald darauf, den Beifahrerplatz auf der Vorderbank neben Herrchen in Beschlag zu nehmen, denn die meiste Zeit saß er am Steuer. Dort konnte man seine Schnauze über die Lüftungsklappe legen und es richtig angenehm haben. Ich musste mich natürlich damit abfinden, auch als Kartenleser tätig zu werden, da Herrchen ein Wunder an technischem Unverstand ist und vergessen hatte, sich ein Navi zu besorgen. Wenn wir auf einen neuen Campingplatz fuhren, trug ich stets Strohhut und Sonnenbrille. »Good God!«, schrien sie daraufhin an der Rezeption. »He looks like Sean Connery! What an excellent co-driver!« Ich glaube, Herrchen und Frauchen hatten sich ausgerechnet, dass wir auf die Art immer den besten Stellplatz auf dem Campinggelände bekommen würden. Abends entfachten wir ein Lagerfeuer; und Nelson und ich waren oft gemeinsam an eine Laufleine gekoppelt, da er sonst die Tendenz hatte zu verschwinden. Habe ich schon erwähnt, dass er nicht besonders helle ist? Jedenfalls hatte es ganz eindeutig etwas für sich, im Lichtschein des Lagerfeuers in der Prärie zu liegen und leise Country und Western-Musik aus dem Transistorradio des Nachbarn zu hören, gelegentlich konnte man sogar einen gegrillten Happen Fleisch ergattern. Marshmallows probierte ich dagegen nie. Ich habe einen etwas empfindlichen Magen, ich schäme mich nicht dafür.

Wir tuckerten drei Monate umher, durch Minnesota,

Michigan, Montana, Oregon, Kalifornien, und wie sie alle heißen, diese vereinigten Staaten. Vor allem unten im Süden, in Louisiana, Florida und Georgia war es so heiß wie in Afrika, und ich dachte an meine alten Ahnen, als ich dort auf dem Beifahrersitz saß und die Karte las. Vielleicht ganz gut, dass sie mich jetzt nicht sahen: ein afrikanischer Löwenhund mit Strohhut in einem Wohnmobil! Sie hätten ihren Augen nicht getraut, Hunde sind von Natur aus gern ein wenig konservativ.

Das Wohnmobil war dann allerdings plötzlich verschwunden. Wir befanden uns in einer Stadt mit unheimlich hohen Häusern und einer unglaublichen Menge Menschen. Das war New York, begriff ich. Hier würden wir wohnen, auch das begriff ich. In der dritten Etage in einer Straße, die Carmine Street hieß und in etwas lag, das »The Village« genannt wurde.

Jaja, dachte ich stoisch. Solange sie sich eine Couch anschaffen, erkläre ich mich wohl auch damit einverstanden.

NEW YORK, NEW YORK

Nach wenigen Tagen in dieser Stadt war ich vollkommen fertig. Ich weiß, dass Herrchen und Frauchen dachten, ich wäre krank geworden. Das stimmte aber nicht; es ging um die Gerüche.

Es gibt einen Unterschied zwischen Philosophen und Hunden, den ich noch nicht berührt habe. Wir dogs (es ist möglich, dass sich der eine oder andere Anglizismus in meine Sprache einschleicht, das wird sich leider nicht vermeiden lassen) verlassen uns auf unseren Spürsinn, er ist für uns ein Quell großer Freude und sehr nützlich, kann ehrlich gesagt manchmal jedoch auch zur Qual werden. Besser gesagt, all diese Gerüche zu sortieren, ist nicht immer leicht. Genau das tue ich unter anderem, wenn ich schlafe, ich stecke alles, was ich im Laufe des Tages gerochen habe, in die richtige Schublade. Vor allem bei den Hundegerüchen ist es wichtig, den Überblick zu behalten, und ausgerechnet sie übermannten mich in dieser ersten Woche in New York.

Dort gibt es nämlich fast genauso viele Hunde wie Menschen. Zumindest in Greenwich Village; wir gingen in dieser Anfangszeit gewöhnlich nur ein paar Häuserblocks weit, quer über die Seventh Avenue und weiter nach Westen, zum Hudson hinunter, aber beim Barte des Propheten, sage ich bloß, es gab dort kaum einen Quadratfuß, der nicht bepinkelt war. Und die Nachrichten will man ja schließlich lesen.

Später durfte ich dann allerdings Taxi fahren. Zwei, drei Mal in der Woche, die Sixth Avenue immer geradeaus bis zum Central Park. Wichtig war, früh unterwegs zu sein, denn nach neun Uhr dürfen Philosophen, ich meine, Hunde, im Park nur noch an der Leine laufen. Lächerlich, wenn ihr mich fragt, aber in diesen Morgenstunden war es schön da oben, jede Menge anderer Hunde, die nach allem Möglichen rochen und mit denen man Ansichten austauschen konnte. Einmal wurde ich von einem Pudel gebissen, ich hoffe, meine Vorfahren lesen das nicht irgendwann. Richtige Löwenhunde benutzen Pudel, um sich mit ihnen die Ohren zu putzen. Ein anderes Mal verschätzte ich mich bei einem eleganten Sprung über einen Zaun und zog mir eine Schnittwunde in der Pobacke zu. Das Ergebnis waren sechs Stiche und ebenso viele Heftklammern bei einem

Tierarzt in der Hudson Street, es war eine in jeder Hinsicht schmerzhafte Angelegenheit.

Bevor wir den Central Park morgens verließen, frühstückten wir regelmäßig in einem Café da oben und schleppten uns anschließend am Hudson entlang nach Hause. Ein Taxi kam dafür nicht in Frage. Ich wünschte, die Sache wäre Gegenstand von Tarifverhandlungen gewesen, denn es war eine ebenso erbärmlich lange wie langweilige Wanderung, aber auf diesem Ohr stellten sich Herrchen und Frauchen grundsätzlich taub.

Nelson, dieses träge Vieh, ging nie spazieren. Er blieb in der Wohnung und im Hinterhof; dort verliebte er sich dann in die Nachbarkatze. Sie war mindestens zehn Jahre älter als er, außerdem ist Nelson, wie ich selbst, kastriert.

Ich versuchte, ihm das eine oder andere zu erklären, das tat ich wirklich, aber Liebe macht blind. Am schlimmsten war es um fünf Uhr morgens, wenn dieser Idiot dasaß und maunzte und sich nach seiner Liebsten verzehrte. Nach mehreren Wochen dieser Art musste Nelson dann nach Schweden zurückfahren. So viel zum Thema Katzen.

Was befreundete Artgenossen betrifft, so gab es in New York zwei. Der eine war ein in sich gekehrter grauer Stöberhund namens Elvis. Als Philosoph betrachtet kam er nicht weiter als, ungefähr, Leibniz. Der andere war spaßiger, ein schwarzer Puggle (sein Vater war ein Pug, also ein Mops, und seine Mutter ein Beagle, glaube ich, in Amerika mischen sie die Hunde, wie sie Cocktails mixen), und mit ihm ließen sich immerhin ein paar Gedanken austauschen. Er hieß Max und bewegte sich so ähnlich wie eine betrunkene Rokokokommode unter Volldampf. Wo ich einen Schritt machte, kam er auf zehn, der arme Kerl, und wenn er pinkeln wollte, hob er das Bein manchmal so hoch, dass er umkippte.

In den zwei Jahren, die ich dort wohnte, verließ ich Manhattan zwar sporadisch – Long Island, die Catskills und Adirondacks, zum Beispiel –, aber es sind die guten Gerüche im James Walker Park, entlang der Seventh Avenue, in der Hudson Street und der Greenwich Street, die in meinem Hundeschädel die intensivsten Eindrücke von New York hinterlassen haben.

Eines Tages war die Zeit dann jedoch reif für einen weiteren Aufbruch. Möbel verschwanden, Koffer wurden gepackt, und ehe ich wusste, wie mir geschah, saß ich wieder in einem solchen Hundekäfig im Flughafen.

Jetzt geht es bestimmt nach Afrika, dachte ich insgeheim, aber da hatte ich mich getäuscht.

GOTLAND, MEIN VERHÄLTNIS ZU KANINCHEN

Die Insel Furilden ist etwas kleiner als Manhattan und wird nicht von Menschen bevölkert. Sie wird von Kaninchen bevölkert. Zumindest größtenteils. Sie sind klein und schnell und schlagen beim Laufen Haken. Anfangs jagte ich sie, jedenfalls das eine oder andere, trotz der Proteste meiner Vormunde. Es war mir deutlich anzumerken, dass ich ein Löwenhund und kein Kaninchenhund bin, denn es erwies sich als ein hoffnungsloses Unterfangen, auch nur in die Nähe eines dieser kleinen Racker zu kommen, und wenn es zufällig doch einmal dazu kam, flitzten sie stets in irgendein Loch, das viel zu klein für einen kräftigen Brocken wie den Verfasser dieser Zeilen war.

Schlussfolgerung: Kaninchen sind die Mühe nicht wert. Im Übrigen bin ich Pazifist, habe ich das schon erwähnt? Übrigens gibt es hier ansonsten auch Schafe und Kühe und

einen Haufen Hühner, aber wir begegnen einander allesamt wie Gentlemen mit friedfertigen Umgangsformen.

Herrchen und Frauchen bauen ein Haus auf dieser Insel, aber es wird anscheinend nie fertig. Im ersten Sommer wohnten wir in einer Hütte von ungefähr zehn Quadratmetern, wogegen ich nichts einzuwenden hatte. Ich habe schon immer gern auf engem Raum gelebt. Herrchen und Frauchen schwammen jeden Morgen im Meer, aber das ist unter meiner Würde. Am Ufer stehen und Wache halten reicht voll und ganz. Ein anderer Unterschied zwischen Manhattan und Rute, wie die Gemeinde heißt, besteht darin, dass es hier weniger Hunde gibt. Wenn man eine Runde dreht, was wir in der Regel zwei Mal am Tag tun, und zu einem Fleck kommen, stellt sich fast immer heraus, dass ich ihn selbst hinterlassen habe, Stunden zuvor oder an einem anderen Tag.

Auf der Ostseite gibt es eine Wiese, die mein Lieblingsort ist, ich glaube, sie erinnert ein wenig an die afrikanische Savanne; wenn wir dorthin kommen, flitze ich jedes Mal herum wie ein Verrückter, das Gras steht dort hoch und streichelt so schön meinen Bauch. Ich jage sogar Stöckchen hinterher, die Herrchen oder Frauchen werfen, eine Beschäftigung, der ich mich sonst nie widme. In diesem Punkt bin ich genau wie mein Namensvetter Sören, dem es auch nicht gefiel, loszurennen und Sachen zu holen, die andere warfen. Noch dazu mit dem Mund. Das ist ja nun wirklich ein bisschen infantil.

Jedenfalls fand ich mich auf Furilden schnell zurecht, aber ihr könnt euch sicher vorstellen, wie verblüfft ich war, als ich eines schönen Herbsttages zusammen mit Herrchen und Frauchen und Riesengepäck ins Auto gesteckt wurde und Kurs Richtung Süden nahm.

Zwei Tage und zweitausend Kilometer später erreichten wir London.

KENSINGTON GARDENS.
LOBREDE AUF EINEN PARK UND MEHR

Kensington Gardens ist ein Park. Ich erwähne das für alle, die nicht so weltgewandt sind. Parks gehören zum Vortrefflichsten, was die Menschen auf dieser Erde vollbracht haben. Zivilisierte Natur; das ist übrigens eine Beschreibung, die auch ganz gut auf mich passen würde. Wenn ich es recht bedenke.

London ist eine Stadt. Sie ist genauso groß wie New York, aber es gibt einen wichtigen Unterschied. In New York muss man fast immer angeleint sein, das gilt für Leonberger, Wolfshunde, Dackel, Philosophen, alle; in London muss man nie an die Leine. Es sei denn, es sind aus irgendeinem Grund Schwäne in der Nähe, was selten der Fall ist.

Wir zogen also in eine Wohnung, fünf Minuten von diesem Park entfernt: Kensington Gardens. Er ist wunder-

voll groß und mit einem anderen großen Park verbunden: dem Hyde Park. Aber Kensington Gardens ist besser. Ich möchte behaupten, dass der Park unter allen Orten, an die ich in meinen ersten fünf Lebensjahren geschleppt wurde, die number one ist – der Central Park in New York, andere Parks und diverse Wälder in allen Ehren. Wir gehen jeden Morgen und Nachmittag dorthin, jedes Mal für mindestens eine Stunde. Ich pinkele zwei Mal außerhalb von Orme's Lodge, um mitzuteilen, dass ich vor Ort bin. Erledige das andere, ihr wisst schon was, neben einem Gebüsch zur Linken, und dann geht es als Nächstes über The Broad Walk, durch das hohe Gras und unter uralten Bäumen mit jungen Eulen und Sittichen und Gott weiß was weiter, schräg südöstlich zur Serpentine Gallery hinab, und unterwegs treffe ich so viele nette Bekannte, dass die Hälfte schon genug wäre. Lebenskluge Pazifisten und Alltagsphilosophen die allermeisten, aber auch mit Interesse für alles Physische, nun ja, damit meine ich jetzt nicht dieses Biologische – ich bin ein bisschen kastriert, was ich bestimmt schon erwähnt habe, es war nur so, dass meine balls, wie sie over there sagen, nicht so in den Beutel plumpsten, wie sie sollten, und dann besteht ein gewisses Krebsrisiko, wie Herrchen und Frauchen sich angelesen hatten –, sondern die Balgereien, will sagen: Das Rennen und Jagen und Purzeln und Raufen, das meine ich. Das ist es, was ich so mag, ich schäme mich nicht, es zuzugeben. A dog's gotta do what a dog's gotta do,

wie ein sympathischer Boxer bemerkte, als wir vor ein paar Tagen im Gras lagen und verschnauften.

Das mit Gotland ist allerdings nicht vorbei, zu dieser Schlussfolgerung bin ich gelangt. Es kommt vor, dass wir dorthin pendeln, und zwar immer mit dem Auto, und ich muss sagen, dass ich dies dem Fliegen vorziehe. Wir fahren unter dem Kanal zwischen England und Frankreich hindurch. Folkestone – Calais, durch den Tunnel, dort liege ich auf meinem Schaffell in einem Auto in einem Zug. Ha, ha, das können sich die Nachfahren meiner Vorfahren, die auf der Suche nach den Löwen, die geflohen sind, durch die Ebenen Afrikas streifen, überhaupt nicht vorstellen.

Derzeit halten wir uns jedoch in einer Heide in der Grafschaft Somerset auf. Mein Herrchen und ich. Das war es, worauf ich eigentlich zu sprechen kommen wollte. Vor gut einer Woche fuhren wir von London aus hierher, mein Herrchen hat neue Wanderstiefel, es ist Frühling, und wir haben uns inzwischen an drei Tagen kreuz und quer durch Exmoor bewegt. Ich habe mit Sicherheit ein oder zwei Kilo abgenommen, aber es ist eine herrliche Heide. Außerdem warmes und schönes Wetter und alles voller interessanter Gerüche und eher wenige Bäume, sondern die meiste Zeit eine weite Aussicht, genau wie in der Savanne. Am wohlsten fühle ich mich in offenen Landschaften, wie ein altes rhodesisches Sprichwort lautet, das ich mit der Muttermilch aufgesogen habe.

Aber ich wollte hier eigentlich nicht von den Gerüchen und der Aussicht erzählen. Es ist mir bewusst, dass den meisten meiner Leser Gerüche und Aussichten scheißegal sind. Um es prosaisch zu sagen.

DER MANN AUF DER HEIDE

Es war also gestern.

Nach einem traditionellen Frühstück brachen wir auf. Mit traditionell meine ich Royal Canins Boxer Adult für mich (es ist fast das Einzige, was ich esse), Kaffee, Saft und Joghurt für Herrchen. Wir nahmen Proviant mit: mehr Kaffee, belegte Brote und Obst für mein Herrchen, eine Handvoll Leberleckerlis für den Verfasser (ich bekomme lediglich zwei richtige Mahlzeiten pro Tag, die eine am Morgen, die andere am Abend; in der Regel hake ich sie in insgesamt einer halben Minute ab). Wasser für uns beide, natürlich, obwohl die Heide von zahlreichen Wasserläufen durchzogen ist, so dass dies eigentlich nicht nötig war.

Nachdem wir über den Bach gekommen waren, pinkelte ich wie üblich, nur um mitzuteilen, dass ich unterwegs war, und erledigte das andere im Schutz einer niedrigen Steinmauer ein paar hundert Meter weiter. Das Wetter war herrlich, stellte ich fest, eine Menge interessanter, aber vorerst noch diffuser Duftspuren trieb mit der lauen Brise vom Meer heran. Wir hatten beschlossen, an diesem Tag nach Westen zu gehen. Zuvor waren wir nach Osten und nach Süden gegangen. Das Gasthaus, in dem wir wohnen, heißt Wheddon Farm; es liegt fast mitten in der Heide, man kann also tatsächlich in jede beliebige Richtung losziehen, ohne auf störende Bebauung zu stoßen. Exmoor ist wirklich auf dem gleichen Level wie Kensington Gardens, für einen Stadtphilosophen, ich meine Hund, ist es ein wenig betrüblich, dies zuzugeben, aber die Wahrheit ist für alle da.

Herrchen verschwand nach etwa einer halben Stunde. Es mag unverständlich erscheinen, dass es jemandem gelingt, in offenem Terrain zu verschwinden, aber er hat wirklich ein Talent dafür, sich zu verlaufen. Kein Grund, viel Aufhebens darum zu machen; ich weiß ja, dass er eigentlich immer nach Hause zurückfindet, außerdem waren in der Heide eine Reihe anderer Wanderer unterwegs, zur Not konnte er also jemanden nach dem Weg fragen. Außerdem hatte er die Karte; nein, ich war seinetwegen nicht im Mindesten besorgt.

Stattdessen folgte ich einer ungewöhnlich interessanten Duftspur einen langgestreckten Anstieg hinauf. Anfangs war mir nicht recht klar, worum es sich handelte, aber je näher ich der Kuppe kam, wo sich einer dieser typischen, uralten und halb eingestürzten Steinhaufen vom leicht wolkenbetupften Himmel absetzte, desto sicherer war ich mir.

Fleischbällchen. Kein Zweifel. Möglicherweise mit Einschlägen von Spiegeleiern, aber das war nebensächlich. Wenn Parks den ersten Platz unter den Beiträgen des Menschengeschlechts zur Entwicklung einnehmen, dann schaffen Fleischbällchen es locker auf den zweiten. An diesem speziellen Morgen war ich fast geneigt, die Reihenfolge umzudrehen. Ich erhöhte das Tempo. Tallyhoo, tallyhoo!

Er saß auf der anderen Seite der Hügelkuppe an einen Stein gelehnt. Neben ihm stand ein brauner Rucksack, von dieser Stelle verbreiteten sich die Düfte. Ich blieb in zwanzig Metern Entfernung stehen, ohne mich ihm zu erkennen zu geben, und schaute mich um. Unter uns breitete sich die Heide in langgestreckten Senken und Anhöhen aus, und die ganze Landschaft fiel sanft zum Meer hin ab, das als blauer Strich am Horizont zu sehen war. Ich hatte es natürlich längst in den Nasenlöchern gehabt, dieses salzig gischtige, diffus Verheißungsvolle, kam aber trotzdem nicht umhin, vom Erlebnis des Anblicks ganz hingerissen zu sein. In diesem Morgenlicht war es fast so schön, dass es für eine Sekunde beinahe die Fleischbällchen überflügelt hätte.

Aber nur für eine Sekunde. Ich warf einen Blick auf den Mann. Er bildete wirklich einen Kontrast zu der uns umgebenden Landschaft. Ich merkte sofort, dass mit ihm etwas nicht stimmte; wir Philosophen, Entschuldigung, Psychologen, nehmen so etwas unverzüglich wahr. Wir benötigen nur Bruchteile eines Augenblicks, um das Temperament eines Menschen zu ergründen, und dieser Mensch, der nun ein kleines Stück von mir entfernt saß – und sich meiner Gegenwart noch nicht bewusst war –, schien kein glücklicher Mensch zu sein. Trotz der Landschaft, des schönen Wetters, der Fleischbällchen.

Ganz und gar nicht glücklich. Ich betrachtete ihn einen weiteren Moment, ehe ich mich ihm näherte. Etwa fünf-

unddreißig, soweit ich es beurteilen konnte. In typischer Wandermontur: schwere Stiefel, Hose aus strapazierfähigem Material, Strickpullover und eine Windjacke, die er ausgezogen und neben sich gelegt hatte.

Er war hager; hatte dunkle, leicht graumelierte Haare. Sein Gesicht war wettergegerbt mit einem Zweitagebart und tiefliegenden Augen – alles eingebettet in eine Wolke aus Trauer. Es ist diese spezielle Aura, die wir Hunde entdecken, und in diesem Fall begriff ich, dass ich es mit einem jener armen deprimierten und deprimierenden Menschen zu tun hatte, von denen es in unseren Tagen so viele gibt.

Er saß da und starrte vor sich hin, auf die schöne Heide hinaus, und bemerkte mich erst, als ich nur noch zwei Meter von ihm entfernt war. Er drehte den Kopf und sah mich mit leerem Blick an. Ich blieb stehen, sah fort und wandte ihm den Widerrist zu, um ihm zu zeigen, dass ich mit friedlichen Absichten kam.

»Come and sit down«, sagte er und klopfte mit der Hand auf den Erdboden. Mir fiel auf, dass er mit einem gewissen Mersey-Dialekt sprach. Ganz ähnlich wie John Lennon. Da ich mich in erster Linie an nichtenglische Leser wende, werde ich seine Äußerungen im Folgenden übersetzen; das ist kein Problem für mich, ich bin wie gesagt ziemlich weit herumgekommen.

Ich schenkte ihm ein unverbindliches Kopfnicken und drehte eine kleine Runde, um meine Integrität zu markieren, ehe ich neben ihm Platz nahm. Er strich mir über den Hals, ich roch höflich an seiner Hand.

Er seufzte mehrmals, ließ seinen Arm jedoch auf meinem Rücken liegen. Ich setzte mich etwas bequemer hin, damit er begriff, dass ich nicht beabsichtigte, ihn zu verlassen.

»Ich wünschte, ich wäre ein Hund«, sagte er.

Du weißt nicht, wovon du redest, dachte ich. Übrigens, wie heißt du eigentlich?

»Ich heiße Trevor«, sagte er. »Seltsam, dass das Leben an einem so schönen Tag wie diesem so schwer sein kann.«

Was ist passiert, fragte ich mich. Er zog eine Flasche aus dem Rucksack und trank etwas Wasser. Erkundigte sich, ob ich auch etwas haben wollte. Ich sah weg, und er verstaute die Flasche wieder.

»Sie hat mich wegen eines anderen verlassen«, erklärte er. »Kannst du dir das vorstellen? Sie hat mich wegen diesem verfluchten Bertram aus Leeds sitzen lassen.«

That's life, dachte ich. (Sofern ich selbst auf Englisch denke, lasse ich die Worte unübersetzt stehen, da ich bei meinen Lesern trotz allem eine gewisse Bildung voraussetze.) Verlierst du die eine, gibt es noch tausend andere.

»So ist das im Leben«, ergriff Trevor wieder das Wort und seufzte nochmals. »Ich weiß, dass man sagt, wenn du eine verlierst, gibt es noch tausend andere. Aber das hilft mir nicht weiter. Ich will nur Betsy. Keine andere. Verstehst du?«

Ich drehte den Kopf und leckte seine Hand.

»Danke«, sagte er. »Was hat Bertram, was ich nicht habe?«

Ich antwortete nicht. Für einen Moment war ich von den Düften aus dem Rucksack ganz benommen. Er schwieg eine halbe Minute.

»Er hat einen krummen Rücken und riecht aus dem Mund. Kannst du mir sagen, was sie in ihm sieht?«

Der Mensch ist ein Rätsel, dachte ich und schloss die Augen.

»Die Frau ist verdammt noch mal ein Rätsel«, stellte Trevor fest. »Weißt du, was ich jetzt tun werde?«

Ich hob ein Lid und sah ihn an.

»Ich werde mich umbringen. Mir eine Kugel in den Kopf jagen. Deshalb sitze ich hier. In dem Rucksack liegt ein Revolver.«

Wäre es nicht besser, diesen Bertram aus Leeds zu erschießen, dachte ich.

»Eigentlich sollte ich natürlich den verdammten Bertram erschießen«, sagte Trevor, »aber wenn ich das tue, wird allen sofort klar sein, dass ich es getan habe. Ich lande im Gefängnis, und Betsy wird mich bis in alle Ewigkeit hassen. Nein, da bin ich lieber tot.«

Ich dachte nach. Wir schwiegen und betrachteten die Heidelandschaft und die leichten Schleierwolken über der See. Dann legte ich den Kopf in seinen Schoß. Du solltest dir einen Hund anschaffen, dachte ich.

Ein flüchtiges Lächeln huschte über Trevors Gesicht. »Danke«, sagte er und strich mir behutsam über die Wange. »Weißt du was, eigentlich sollte ich mir lieber einen Hund anschaffen. Das wäre ein Trost.«

Ich leckte seine Hand.

»Möchtest du ein Fleischbällchen?«

Ich hob den Kopf und leckte auch noch seinen Mundwinkel. Er steckte die Hand in den Rucksack und zog ein Fleischbällchen heraus. Nickte mir zu und stopfte es mir in den Mund.

Oh, holde Glückseligkeit. Ich platzierte erneut meinen Kopf in seinem Schoß und dachte, dass man von einem einzigen Fleischbällchen beim besten Willen nicht satt wird.

»Möchtest du noch eins?«

Manchmal fällt es uns Hunden schwer, klar und deutlich zu zeigen, wie sehr wir Treue und wahre Freundschaft zu schätzen wissen. Ja, manche kleinen Hunde sind selbstverständlich sehr gut darin, sich einzuschmeicheln und aufzuspielen, aber diese richtige, männliche Freundschaft, die sich zwischen Trevor und mir entwickelte, ja, die verlangt irgendwie ein gewisses Händchen. Ich sah ihn mit meinem dunklen, klugen Blick an und leckte mir den Mund. Ich versuchte zu lächeln, was mir jedoch nicht liegt. Jedenfalls vergrub er die Hand in seinem Rucksack und gab mir noch ein Fleischbällchen.

Oh, doppelte Glückseligkeit. Richtig satt wird man allerdings nicht. Um eine lange Geschichte bis zu einem gewissen Grad kurz zu machen, blieb ich recht lange bei Trevor im Sonnenschein. Wir unterhielten uns und leisteten uns Gesellschaft und philosophierten, während die Sonne ihrem Lauf folgte, und als jedes einzelne Fleischbällchen aufgegessen war – sowie zwei gebratene Eier –, begaben wir uns gemeinsam zum Gasthaus zurück.

»Verdammt«, sagte er, als wir auf dem Hof standen und uns verabschiedeten. »Morgen fahre ich zu einem Hundezwinger und schaffe mir einen Hund an. Ich scheiße auf Betsy, ich danke dir vielmals.«

Im selben Moment kehrte mein Herrchen aus der Heide zurück. Wie von mir angenommen, hatte er den richtigen Weg allein gefunden. Trevor und er unterhielten sich eine Weile, und später, am Abend, aßen sie gemeinsam im Gasthaus. Ich lag auf dem Fußboden unter ihrem Tisch und hörte ein zweites Mal Trevors Geschichte. Wie er da oben an dem Steinhaufen unter einer Wolke aus finsteren Gedanken gesessen hatte, dass er Betsy und Bertram aus Leeds und die Armseligkeit des Lebens verflucht hatte – und ich wie ein Geschenk des Himmels zu ihm gekommen war. Trevor nahm wirklich kein Blatt vor den Mund, übrigens glaube ich, dass die beiden ein paar Pints tranken.

»Ja, manchmal glaube ich auch, dass ihn der Himmel geschickt hat«, bestätigte mein Herrchen, schmunzelte zufrieden und streckte ausnahmsweise einmal seine Hand unter den Tisch und gab mir einen Bissen, ich glaube, es war Gans, vielleicht auch Ente. »Ich kann mir beim besten Willen nicht vorstellen, ohne ihn zu sein.«

Das kam von ganzem Herzen, und ich bin der Erste, der seine Worte unterschreibt. Danke, Herrchen, dachte ich, nach Frauchen bis du wirklich die Nummer eins.

NACHSPIEL

So viel dazu und zum gestrigen Tag. Inzwischen ist heute, wir befinden uns weiterhin in Exmoor in der Grafschaft Somerset; und es wird Zeit für ein Nachmittagsschläfchen. Man muss seinen guten Gewohnheiten treu bleiben, und obwohl ich nicht in einem dunklen Wald wandele, so bin ich doch zur Mitte meiner Lebensbahn gelangt. Fünf und ein halbes Jahr ungefähr, und ich hege die fromme Hoffnung, dass mir noch ein paar Stadien auf dem Lebensweg bleiben. Über so etwas sollte man sich allerdings nicht äußern – wovon man nicht reden kann, darüber muss man schweigen, wie es so schön heißt.

Es soll in Herrchens Bett stattfinden, dieses Nickerchen, und ich finde, ich habe es mir redlich verdient. Es ist anstrengend, philosophische Betrachtungen niederzuschreiben.

11.

Weitere Stadien auf dem Lebensweg

(2009–2014)

Darin enthalten:
Die Frau im Wald – eine Moralität

ÜBER NEBEL, PFERDE UND EIN PUB

Es ergab sich, dass das Leben weiterging.

Für einen Hund und eventuell auch für einen Philosophen kann es schwierig sein, den einen Tag vom anderen zu unterscheiden. Vor allem, wenn man die ganze Zeit am selben Ort wohnt, ungefähr die gleichen Spaziergänge macht und das Gleiche isst. Was Letzteres betrifft, erkennen wir hier einen entscheidenden Unterschied zwischen Zwei- und Vierbeinern; Zweibeiner bekommen im Allgemeinen sowohl größere als auch variablere Essensportionen. Stundenlang mampfen und plaudern sie, wenn man ehrlich ist, während wir ausgehungerten armen Tröpfe unter dem Tisch liegen und versuchen, uns an ihren vom Winde verwehten Orten und den Gerüchen zu sättigen.

Doch ich finde mich damit ab, das habe ich immer getan. Ansonsten haben meine fürsorglichen Vormunde immer die Tendenz gehabt, nicht sonderlich lange am selben Ort wohnen zu bleiben, was ich ja bereits angesprochen habe, darüber kann ich mich so gesehen also nicht beklagen. So zeigte sich beispielsweise, dass das mit der englischen Heide keine Eintagsfliege war, was ich mir möglicherweise eingebildet hatte. Im Gegenteil, mein Wohnsitz wechselte einige Jahre (glaube ich zumindest, wenn es um Zeitangaben geht, schwächele ich ein wenig) zwischen Kensington Gardens in London, der schönen Umgebung auf Gotland sowie einem abgeschiedenen, aber netten Ort in einer Heidelandschaft. Dem Dorf Winsford, in der Grafschaft Somerset gelegen, oder vielleicht auch Devon. Jedenfalls in England, für euch, die ihr keine Geographen seid.

Außerdem mit der Zeit an zwei Orten in Stockholm, ich werde darauf zurückkommen.

Größtenteils hielten mein Herrchen und ich uns in der Exmoorheide auf, und aus irgendeinem Grund war niemals Sommer. Dagegen Nebel und Regen. Wind und Lehm und viel Zeit. In dem Haus, das wir bewohnten, gab es einen anderen Hund philosophischer Natur; einen Labrador namens Haka, und auch wenn er schon ein wenig in die Jahre gekommen war, unternahmen wir doch oft lange und sinnvolle Spaziergänge durch die Heide. Er lehrte mich einiges. Zum Beispiel, dass es die Mühe nicht wert ist, sich einen Fasan einzuverleiben. Man darf sich nicht davon täuschen lassen, dass sie sich so leicht fangen lassen. Sie sind vermutlich die einfältigsten Wesen auf unserer Erde, außerdem aus nur drei Bestandteilen zusammengesetzt: Federn, splitternden Knochen und Rufen. Und die Knochen bleiben einem dann gern im Hals stecken. Haka erzählte, zwei Mal habe er deshalb zum Tierarzt fahren müssen. Außerdem erzählte er, wie es ihm erging, als er erleben musste, dass ein Fasanhahn noch eine halbe Stunde weiterschrie, nachdem er ihn bereits totgebissen hatte. Ich glaube allerdings, dass er in diesem Punkt ziemlich übertreibt, der gute Haka. Die Engländer fabulieren gern, das gilt für alle, ob mit oder ohne Schwanz.

»So leave them pheasants be«, fasste er zusammen. Auf unseren Spaziergängen sprachen wir natürlich Englisch, Haka hatte sein ganzes Leben im selben Haus und selben Land verbracht und beherrschte keine andere Sprache.

Natürlich kann man auch keine Pferde fressen, als Philosoph eventuell schon, als Hund jedoch auf keinen Fall. Ich glaube, dort, in dieser Heide machte ich erstmals die Bekanntschaft dieser klugen Tiere, und ihr würdevolles und freundliches Wesen wusste ich von Anfang an zu schätzen. In der Heide sind sie außerdem völlig von Menschen befreit; es kam häufig vor, dass Haka und ich uns ihrer Gruppe anschlossen und ihren Erzählungen vom freien Leben in Exmoor lauschten. Heute und in vergangenen Zeiten. Viel später sollte ich zwei andere Gäule kennenlernen, und wenn ich es nicht vergesse, werde ich auch über sie ein paar Zeilen zu Papier bringen.

Mein Herrchen war mit irgendeiner Schreibarbeit beschäftigt, als wir im Nebel oberhalb von Winsford wohnten. Wenn wir nicht wanderten, saß er meist an einem Schreibtisch und sah bekümmert aus, wie eigentlich immer, wenn er arbeitet, während ich auf einer sehr angenehmen Couch lag und mich erholte. Abends stiefelten wir allerdings gern zum Dorfpub hinunter. *Muddy pawns welcome* stand auf einem Schild an der Tür, und es war ein wirklich hervorragendes Lokal. Es gab darin einen dicken Teppichboden, auf dem man seine lehmigen Pfoten trocknen konnte, ein warmes und gemütliches Kohlenfeuer in einer Ecke sowie eine Schale mit Leckerlis für Vierbeiner hinter der Theke. Ich glaube, ich habe mich nie so zufrieden und philosophisch gefühlt wie dort, wenn ich warm, satt und zufrieden dalag, während Herrchen zu Abend aß, sich mit den Dorfbewohnern unterhielt und zwei Pints von etwas trank, das Exmoor Ale genannt wurde.

»That's a hell of a nice dog«, bekam ich häufig von den anderen Gästen zu hören, und dem stimmte ich nur zu gerne zu, ohne deshalb gleich überheblich zu werden. Ein paar Schwanzschläge nur, um zu demonstrieren, dass ich das Kompliment zu schätzen wusste.

Etwas völlig anderes war es natürlich, sich anschließend in Dunkelheit, Regen und bergauf heimwärts zu begeben, aber alles hat seine Zeit.

ZURÜCK INS HEIMATLAND.
STOCKHOLM. MELWIN

Irgendwann wurde es dann jedoch Zeit, Großbritannien zu verlassen und nach Schweden heimzukehren. Herrchen hatte sein Buch aus der Heide fertig geschrieben, und Frauchen arbeitete inzwischen als Ärztin in Stockholm.

Stockholm ist die Hauptstadt des Königreichs Schweden. Ich habe im Laufe der Jahre wirklich einiges gelernt. Wir wohnten in Gamla stan, der Stockholmer Altstadt, in der es keine grünen Flecken gab, dank der zahlreichen Philosophen, ich meine, Hunde, die in den Gassen wohnten, jedoch recht interessant roch. Zum Beispiel bei dem alten Kastanienbaum auf dem kleinen Platz Brända tomten, an dem wir alle auf unseren Morgenspaziergängen auf dem Kopfsteinpflaster das Bein heben, und manchmal gelingt es einem danach, den Menschen am anderen Ende der Leine in das dort liegende Café zu locken. Wenn man ein Gourmethund ist, bekommt man dort immer ein Fleischbällchen oder zwei. Dies ist eine Spielart urbaner Zivilisation, der ich mich sehr verbunden fühle. Ihr könnt euch sicher vorstellen, wie überrascht ich war, als ich eines Tages einen Cousin bekam. Es war ein lächerlich kleiner Welpe, der eher an ein vierbeiniges Huhn als an einen Hund erinnerte: schmutzig weiß, plüschig, haarig, eifrig, an der Grenze zu hysterisch, wirr, glotzäugig und vollkommen unphilosophisch. Ungefähr ein Zehntel meines Gewichts, als ich ihn das erste Mal traf, ja, mein Gott, es fiel einem schwer zu verstehen, was wir mit ihm wollten. Er hieß Melwin, das allein, und sein Vormund war irgendwie mit meinen verwandt. In direkter Linie, wie man, glaube ich, sagt, weshalb ich mich mit diesem vierbeinigen Huhn abgeben musste. Welche Rasse, fragt ein ordnungsliebender Mensch. Keine; wahrscheinlich zusammengesetzt aus Ersatzteilen, die übrig geblieben waren.

Doch das Leben ist eine seltsame Erfindung. Ich rückte

dem jungen Melwin natürlich den Kopf zurecht, zwar mit Nachdruck, aber nicht übertrieben hart. Ich habe doch sicherlich erwähnt, dass ich Pazifist bin? Und obwohl ich anfangs glaubte, er wäre ein völlig unbelehrbarer Cousin, lernte er, sogar schnell, und erwies sich als richtig aufgeweckt. Man soll das Huhn eben nicht nach seinen Haaren beurteilen, und so erkannte ich bald, dass ich den kleinen Racker mochte. Vor allem auf Gotland standen wir in einem regen Kontakt, wenngleich er sich auf die Hinterbeine stellen musste, um zu mir hinaufreichen, mir den Mundwinkel lecken und mir seinen Respekt bekunden zu können. Oh ja, in den Sommern führten wir dort ein herrlich freies Leben, und nachts schliefen wir oft zusammen Rücken an Rücken auf der ausgezeichneten runden Matratze, die Herrchen und Frauchen schon während unserer Jahre in New York angeschafft hatten.

Also kein böses Wort über Melwin, im Gegenteil, als Philosoph erinnerte er wohl in erster Linie an Descartes: *Ich bin, also existiere ich*, oder wie das heißt. Wie dem aufmerksamen Leser möglicherweise aufgefallen ist, habe ich begonnen, in meiner Darstellung ein wenig zwischen Präsens und Imperfekt zu schlingern, was vermutlich daran liegt, dass ich mittlerweile tot bin, ich werde gegen Ende darauf zurückkommen.

Bis dahin sind es allerdings noch zwei Jahre, und vorher möchte ich noch von einem kleinen roten Haus in einem sehr schönen Park erzählen.

KATARINAVÄGEN. SÖDERMALM.
VITA BERGEN. FRAUCHEN

Selbst wenn man die Schnauze die meiste Zeit am Asphalt hat, kann einem unmöglich entgehen, dass Stockholm eine schöne Stadt ist. Besonders schön ist sie, wenn man eine lange Straße namens Katarinavägen in einem Teil der Stadt hinaufmarschiert, der Södermalm heißt. Söder, also südlich, weil er in dieser Himmelsrichtung liegt. Ich erwähne das für den Fall, dass es den einen oder anderen zögernden Leser gibt, der in Ånge oder auf Öland hockt und überlegt, ob es sich wohl lohnen könnte, einen Ausflug in die Hauptstadt zu machen.

Es lohnt sich. Selbst wenn man ein philosophischer Hund ist, der seine Jugendjahre hinter sich hat, sieht man ein, dass es eine gute Idee ist, Tag für Tag den Katarinavägen hinaufzugehen. Den Kopf zu heben und nach Djurgården, Skeppsholmen, Gamla stan und so weiter hinauszuspähen. So wie Strindberg es vor hundertfünfzig Jahren tat und in seinem Roman *Das rote Zimmer* beschrieb. Ich weiß, dass Herrchen der gleichen Meinung ist, denn jeden Morgen gingen wir gerade dort besonders langsam.

Das Ziel unserer mehr oder weniger täglichen Spaziergänge (vor allem im Winterhalbjahr, wenn wir uns nicht so oft auf Gotland aufhielten) war eine kleine rote Holzkate in einer Grünanlage namens Vitabergspark.

Herrchen war nämlich der Gedanke gekommen, dass er eine Art Arbeitsplatz benötigte, da unser Unterschlupf in der Altstadt für seinen großen Geist zu eng war. Ich bin mir nicht sicher, ob ihm genau diese Begriffe durch den Kopf gingen, aber egal, das alte rote Häuschen wurde jedenfalls mit allem möbliert, was ein Schriftsteller braucht. Ein Schreibtisch, ein Stuhl, ein paar Bücherregale und nicht zuletzt: eine Ledercouch! Halleluja, dachte ich regelmäßig, wenn wir nach einem halbstündigen Aufenthalt im Freien an einem windigen und regnerischen Novembermorgen endlich dort waren. Der beste Freund des Menschen ist der Hund, das ist eine Selbstverständlichkeit, doch der beste Freund des Hundes ist die Ledercouch.

Außerdem gab es dort einen großen offenen Kamin. Ein knisterndes Feuer, Herrchen am Schreibtisch, der Philosoph auf der Couch, muss ich mehr sagen? Nun, vielleicht noch, dass Herrchen nach einer Stunde oder so immer auf die Couch umzog. Da musste man ein wenig zusammenrücken, aber wir vierbeinigen Philosophen haben nichts gegen ein bisschen warmes Gedrängel, das war also gar kein Problem.

Direkt neben dem kleinen Haus mit dem knisternden Kaminfeuer, dem Schriftsteller und dem Philosophen auf der Couch, liegt etwas, das Hundewiese genannt wird. Sie ist wirklich ganz hübsch; groß und ein wenig gewellt und mit einigem Grün, ganz und gar nicht wie manche engen Asphaltflecken, auf die ich im Laufe meines unsteten Zigeunerlebens hier und da gestoßen bin. Hundewiesen sind dazu da, dass Hunde frei herumlaufen und einander treffen dürfen, ohne an einem Menschen festzuhängen.

Nun hatte ich mich im Laufe der Jahre immer mehr daran gewöhnt, nicht an etwas festzuhängen, weshalb ich solche kleinen Gehege im Grunde nicht brauchte. Aber es kam natürlich trotzdem vor, dass ich der Wiese einen Besuch abstattete, wenn das Wetter günstig war und es danach aussah, dass sich der eine oder andere interessante Philosoph eingefunden hatte. So verbrachte ich beispielsweise gern etwas Zeit mit Bruno – einem Ridgeback wie ich selbst, welcher der französischen, etwas spekulativen Schule, Sartre und so, zuzurechnen war – und Madeleine, einer wahnsinnig hübschen Boxerhündin, mit der ich mich freudig gepaart hätte, wenn ich ein paar Jahre jünger gewesen wäre und meine Hoden noch besessen hätte. (Sie verschwanden vor Jahren unter unklaren Umständen, habe ich das schon erwähnt?)

Am schönsten ist Vita bergen allerdings außerhalb des umzäunten Geländes. Das Areal ist grün, voller Sträucher und hügelig, und man kann über Herrchen und Frauchen sagen, was man will, aber es ist ihnen immer gelungen,

schöne Umgebungen für mich zu finden: den Central Park, Kensington Gardens, Exmoor, Gotland, Vita bergen und Gamla stan mit dem Fleischbällchencafé. Und, wie gesagt, weiche Möbel. Es hätte wahrlich schlimmer kommen können, viel schlimmer, mir ist bewusst, dass die meisten Philosophen unter weitaus schwierigeren Bedingungen leben, als ich es getan habe. Man sollte so viel Verstand besitzen, dankbar zu sein.

Wenn jemand bei der Lektüre bis zu diesem Punkt durchgehalten hat, könnte es durchaus sein, dass er oder sie Opfer eines Missverständnisses geworden ist. Genauer gesagt, dass mein Herrchen der wichtigste Mensch in meinem Hundeleben ist. So verhält es sich nämlich ganz und gar nicht. Er ist völlig okay, aber die number one ist mein Frauchen. Ohne jeden Zweifel. So etwas weiß ein philosophischer Hund. Fragt mich nicht, woher. Gelegentlich testeten die beiden es; so wanderten wir etwa zu dritt durch irgendeinen Wald, und dann gingen sie auf einmal in verschiedene Richtungen. Ich wusste natürlich augenblicklich, dass es besser war, Frauchen zu begleiten, blieb aber trotzdem immer für einen Moment Zweifel simulierend stehen, ehe ich Herrchen seinem Schicksal überließ. Aus Rücksicht auf ihn, natürlich, schließlich wollte ich ihn in dem Glauben wiegen, dass ich meine Entscheidung zunächst ein wenig überdenken musste.

DIE FRAU IM WALD – EINE MORALITÄT

Was auch immer *Moralität* bedeuten mag, aber mir gefällt das Wort. Die Kunst, mit Begriffen um sich zu werfen, die man nicht wirklich versteht, habe ich natürlich von Herrchen gelernt, in dem Punkt gebe ich ihm die Schuld. Aber nun wird es höchste Zeit, die eigentümliche Episode mit einer seltsamen Dame und ihrem noch seltsameren Haustier zu erzählen. Das Ganze ereignete sich auf der schönen Insel Gotland.

Sommermorgen. Sonne und Wolken in einer hübschen Mischung. Eine milde Brise vom Meer her, Kuckucke, die im Osten kuckuckten, was Gutes verhieß, und keinerlei Sorgen, soweit der Spürsinn reichte. Ein Tag, wie dafür gemacht, im Schatten zu liegen und zu philosophieren, oder anders ausgedrückt, über das eine oder andere nachzudenken und zwischendurch zu dösen. Es wurde jedoch bald deutlich, dass Herrchen und Frauchen andere Pläne hatten. Spaziergang.

Noch dazu ein *langer Spaziergang*, was man daran erkannte, dass beide sich mit Turnschuhen, Wasserflaschen und amerikanischen Brennballmützen dekoriert hatten. Ich persönlich habe noch nie etwas dagegen gehabt, durch Wald und Wiesen zu wandern, obgleich mein jugendlicher Enthusiasmus mit den Jahren etwas nachgelassen hat. Melwin dagegen ist ein veritabler Gegner fast aller Arten von Exkursionen. Seine Beine sind so kurz, dass er für einen Schritt von mir vier oder sechs machen muss, außerdem führt sein unpraktischer Hühnerpelz dazu, dass aller möglicher Müll darin hängenbleibt, so dass er hinterher meistens einer Großwäsche unterzogen und gestriegelt wird. Wenn Melwin nass ist, scheint es, als wäre er schon vor Jahren ertrunken.

Wir Vierbeiner hatten natürlich keine Wahl. Herrchen und Frauchen brachen mit festen Schritten und aufgesetztem Optimismus auf. Unsere Vormunde bogen links ab, ohne sich nach uns umzuschauen. Melwin blieb stehen.

»Bei allen Elchhörnern«, sagte er. (Er behauptet gern, er habe in einem früheren Leben Davy Crockett geheißen und damals in diesem Stil geredet). »Sie wollen die ganze Nordhälfte umrunden. Ich glaube, ich bekomme Krupp.«

»Sieht ganz so aus«, stellte ich fest.

»Ich bin müde«, erklärte Melwin. »Meine Beine fühlen sich an wie halb aufgetaute Fischstäbchen.«

»Wir sind noch nicht sehr weit gegangen«, wandte ich ein.

»Meine Wenigkeit sicher zehntausend Schritte«, sagte Melwin. »Es ist unter diesen Umständen nicht leicht, ein ziemlich kleiner Hund zu sein.«

»Ein *sehr* kleiner«, korrigierte ich ihn. »Du bist ein sehr kleiner Hund, Melwin, bilde dir bloß nichts anderes ein.«

Darauf entgegnete er nichts. Stattdessen richtete er sich auf den Hinterbeinen auf, um sich einen besseren Überblick zu verschaffen. Einen halben Meter über dem Erdboden oder so.

»Ich kenne eine Abkürzung«, erklärte er und wedelte mit der Pfote in Richtung einer Öffnung zwischen zwei Fichten. »Wenn wir da hinein laufen, stoßen wir beim Fischerdorf wieder zu ihnen und sparen mehrere Kilometer.«

Ich schaute mich um, dachte nach und erkannte, dass es stimmte.

»Okay«, sagte ich. »Für einen Hühnerhund bist du ganz schön clever.«

Wir waren auf dem eingeschlagenen Pfad noch nicht sehr weit gekommen, als wir etwas Rotes erblickten, das an einem umgestürzten Baum hervorlugte.

»Was ist denn das?«, sagte Melwin. »Sieht aus wie ein …«

»… Schuh«, ergänzte ich. »Ja, in der Tat, das ist so ein Pump oder wie die heißen.«

»Ich glaube, es heißt Pumps«, erwiderte Melwin. »Zumindest, wenn es zwei sind.«

Dieser war allerdings mutterseelenallein. Ein Damenschuh mit hohem Absatz. Rot und glänzend und schick, ich dachte, dass er dort noch nicht lange liegen konnte. Er sah fast so aus, als wäre er direkt aus dem Laden hier im Moos gelandet. Melwin ging hin und schnüffelte an ihm.

»Eine Frau«, stellte er fest. »Dunkelhaarig und mollig. Um die vierzig, wenn mich nicht alles täuscht. Weder Strümpfe noch Strumpfhose.«

Ich ging zu ihm, überprüfte den Befund und kam zu dem Schluss, dass er wahrscheinlich recht hatte.

»Acht Stunden«, ergänzte ich. »Länger hat er hier nicht gelegen. Eher kürzer. Was machen wir jetzt?«

»Wir laufen weiter«, sagte Melwin.

Das taten wir.

Der Pfad schlängelte sich durch den Wald. Wir auch. Wir waren hier auch früher schon gewesen, und die Duftspur wurde mit jedem Meter intensiver. Kurz darauf machten wir den nächsten Fund.

»Schau mal«, sagte Melwin. »Das sieht aus wie ein …«

»… Fahrrad«, ergänzte ich. »Das lag gestern noch nicht hier.«

»Woher weißt du das?«, erkundigte sich Melwin.

»Habe Herrchen auf einer Joggingrunde begleitet«, antwortete ich. »Wir sind hier vorbeigetrottet. Ich meine mich zu erinnern, dass du schnarchend hinter dem Holzschuppen lagst.«

»Das war schlau von mir«, erklärte Melwin und schnüffelte an dem Rad, das verlassen in einem Strauß Farne gleich neben dem Pfad lag.

»Dieselbe Frau?«, fragte ich.

»Zweifellos«, antwortete Melwin. »Das Mysterium verdichtet sich.«

Schweigend und mit geschärfter Wachsamkeit setzten wir unseren Weg fort. Ich spähte schräg links voraus, Melwin schräg rechts. Ein hochhackiger Schuh und ein Fahrrad, was konnte das bedeuten? Worum es auch gehen mochte, so verhieß es nichts Gutes, in dem Punkt waren wir uns einig, ohne ein Wort darüber verlieren zu müssen.

Der Pfad wurde schmaler und der Wald wie immer an dieser Stelle undurchdringlicher. Der Duft von vierzigjähriger Frau wurde intensiver. Leicht parfümiert, aber nicht kürzlich. Ein schwacher Hauch von Alkohol. Erkalteter Schweiß.

Nein, Gutes verhieß das nicht.

Ich war es, der sie entdeckte. Sie saß etwa zehn Meter vom Pfad entfernt an einen Baumstamm gelehnt, sie trug ein helles, leicht verschmutztes Sommerkleid, und es sah ganz so aus, als ob sie schliefe. Etwas entfernt von ihr, fast schon auf dem Pfad, auf dem Melwin und ich abrupt stehen geblieben waren, lag ein weiterer roter hochhackiger Damenschuh. Ohne voreilige Schlüsse ziehen zu wollen, brachte ich ihn mit dem in Verbindung, den wir bereits gefunden hatten.

»Aha?«, sagte Melwin. »Man siehe und staune.«

»Das tut man, mein lieber Watson, Verzeihung, ich meine Melwin«, sagte ich. »Was hältst du davon?«

»Ich sage lieber nichts, dann habe ich auch nichts Falsches gesagt«, antwortete Melwin. »Aber sie hat einen Vogel an einer Leine. Das ist ungewöhnlich.«

Es stimmte, ich hatte es nur nicht bemerkt. Obwohl er klein und glotzäugig ist, kann er manchmal richtig aufmerksam sein, der junge Melwin, das muss ich ihm lassen. Über dem Kopf der Dame saß tatsächlich ein grüner Vogel auf einem Ast. Und von einem seiner Beine lief eine Leine zu ihrem Handgelenk hinab.

Wir blieben eine Weile schweigend stehen und betrachteten das Paar.

»Sie schläft«, sagte ich. »Der grüne Kuckuck anscheinend auch. Meinst du nicht, dass es Zeit wird, sie zu wecken?«

»Aber immer«, bestätigte Melwin und ließ sein erbärmliches Bellen hören. Er klingt eher wie eine Ente, die in der Klemme steckt, der Meinung bin ich immer schon gewesen, hatte es mittlerweile aber längst aufgegeben, ihn darauf hinzuweisen.

Die Frau erwachte mit einem Ruck.

»Hilfe!«, rief sie erschrocken. »Wo bin ich? Wie viel Uhr ist es?«

Immer mit der Ruhe, dachte ich. Du sitzt doch da. Es ist ein schöner Sommermorgen, aber ich habe keine Ahnung, wie viel Uhr es ist.

Melwin stellte sich auf die Hinterbeine, damit er mir etwas ins Ohr flüstern konnte.

»Verdammt. Was meinst du, was hier vorgeht?«

»Das wird sich schon noch klären«, sagte ich. »Ganz ruhig, wenn man den Kopf schieflegt und freundlich aussieht, reden die Leute eigentlich immer mit Hunden.«

Wir legten die Köpfe schief und sahen freundlich aus.

»Gott, der Barmherzige«, sagte die Frau und rieb sich mit den Fingerknöcheln die Augen. »Hier ist man also gelandet. Aber was für schöne Hunde. Wo kommt ihr denn her? Aua!«

Sie griff sich an den Fuß, und daraufhin sah ich, dass er geschwollen und so dick war wie eine französische Bulldogge.

»Auauau«, stöhnte sie. »Ja natürlich, jetzt erinnere ich mich wieder. Ich bin diese Nacht mit dem Fuß umgeknickt, deshalb sitze ich hier.«

Und was hattest du mitten in der Nacht im Wald zu suchen, fragte ich mich und sah sie leicht auffordernd an. Mit diesem speziellen Blick, der die Leute zum Erzählen bringt.

»Es lag an dem vermaledeiten Captain Silver«, seufzte sie und zeigte zu dem grünen Vogel hinauf, der erst jetzt zum Leben erwacht zu sein schien. »Er ist abgehauen, der Strolch!«

»SCHIFF AHOI! HIER SPRICHT CAPTAIN SILVER!«, schrie der Vogel plötzlich mit lauter Stimme, so dass Melwin und ich zwei Schritte zurückwichen. Melwin begann wieder, wie eine Ente zu klingen.

»Keine Angst. Er ist ein sprechender Papagei«, erklärte die Frau. »Er ist gestern Abend weggeflogen, aber nur, weil dieser Idiot Arne ihn freigelassen hat.«

Ich nickte vage. Melwin nickte noch vager.

»Also, es war so«, fuhr die Frau fort und richtete sich an den Baumstamm gelehnt vorsichtig auf. Man sah ihr an, dass sie Schmerzen hatte. »Arne ist mein bescheuerter Schwager. Wir haben ein bisschen gefeiert, und er hat sich viel zu viel Selbstgebrannten hinter die Binde gekippt. Voll und verrückt war er, und mitten in der Nacht hat er dann Captain Silver zum Fenster hinausgelassen. Aua, mein Fuß!«

»PROST UND WILLKOMMEN!«, rief Captain Silver.

»Ich bin ihm natürlich sofort hinterher«, seufzte die Frau. »Er ist es nicht gewohnt, unter freiem Himmel zu sein, und würde auf sich allein gestellt nicht lange überleben. Ich habe ihn jetzt schon sechzehn Jahre und liebe ihn!«

Liebe macht blind, dachte ich und warf einen Blick zu dem Vogel hinauf, der dort oben hockte und seinen gelbroten Kopf drehte und wendete (der Rest war, wie gesagt, grün) und merkwürdig aussah.

»Ehrlich gesagt mehr als meinen Mann«, fügte sie hinzu. »Es wäre viel besser gewesen, wenn er und Arne stattdessen vom Balkon gesprungen wären, so betrunken und außer Rand und Band, wie sie waren.«

»Sie war bestimmt auch nicht ganz nüchtern«, flüsterte Melwin mir ins Ohr. »Sie dünstet alten Whisky aus.«

»Gotländischer Selbstgebrannter erinnert an verdünnten Whisky«, flüsterte ich zurück. Schließlich hatte ich ein paar Jahre und einige Erfahrungen mehr auf dem Buckel als mein kleiner Cousin.

Und dann ist sie auf Papageienjagd gegangen, dachte ich. Mit dem Fahrrad? Mitten in der Nacht?

»Ja, was sollte ich denn tun?«, platzte die Frau heraus und breitete die Arme aus. »Ich habe mir das Rad geschnappt und bin ihm hinterhergefahren. Mitten in der Nacht! Ich musste ihn doch retten! Ich heiße übrigens Frau Blomgren.«

»WAS FÜR EIN FANTASTISCHER HINTERN!«, grölte Captain Silver. »HALLELUJA!«

Oh je, dachte ich. Hochhackige Schuhe auf einem Fahrrad im Dunkeln! Dumm.

»Hochhackige Schuhe auf einem Fahrrad im Dunkeln«, stellte Frau Blomgren mit einem neuerlichen Seufzer fest. »Das ist keine gute Kombination. Jedenfalls entdeckte ich die Kanaille, und alles ging gut, bis er in den Wald flog. Mir blieb keine andere Wahl. Ich bin ihm auf diesem vermaledeiten Pfad gefolgt, so gut es eben ging. Verlor einen Schuh, kippte mit dem Fahrrad um und musste es liegen lassen, und dann…«

»Lief sie los und knickte mit dem Fuß um«, flüsterte Melwin mir aufgeregt ins Ohr.

»… lief ich mit nur einem Schuh los. Das ist gar nicht so einfach, sage ich euch, und als ich den dämlichen Vogel endlich zu packen bekam, bin ich schief aufgetreten und habe mir den Fuß umgeknickt!«

Ich fragte mich, wie in Gottes Namen es ihr gelungen war, den Vogel einzufangen, verzichtete jedoch darauf, sie zu fragen. Wie dem auch sei, nun saß Captain Silver jedenfalls stabil befestigt an der Schnur, die zwischen seinem Fuß und ihrem Handgelenk verlief.

»SO EIN SCHLAMASSEL!«, brüllte er. »EIN BISSCHEN FRIEDEN! FINGAL IST EIN DRECKSKERL!«

Ich warf einen Blick auf Melwin und dachte, dass wir uns

72

an diesen Spaziergang sicher noch lange erinnern würden. Und wer war eigentlich dieser Fingal?

Doch nun begann die Frau, die offenbar Frau Blomgren hieß (und bei der ich auf einmal den Eindruck hatte, ihr in unserer Gegend durchaus schon einmal begegnet zu sein, wenn auch nicht mit diesem Geruch aus altem Parfüm, abgestandenem Alkohol und französischem Bulldoggenfuß), verloren zu weinen. »Oh je, oh je«, schluchzte sie. »Ohne fremde Hilfe komme ich hier nicht weg. Ich kann nicht auftreten, ich werde hier sitzen bleiben, bis ich erfriere!«

Angesichts des schönen Wetters und einer Lufttemperatur von gut zwanzig Grad hielt ich das für eine unnötig pessimistische Prognose. Dennoch erkannte ich, dass ein resolutes und vernünftiges Eingreifen erforderlich war.

»Hör mal, Melwin«, sagte ich. »Ich weiß, dass an dir kein Gentleman verloren gegangen ist, aber wir sollten uns einschalten und die Sache in Ordnung bringen. Es geht immerhin um eine Dame in Not. A dog's gotta do what a dog's gotta do.«

»IHR VERDAMMTEN SCHREIHÄLSE«, schrie der Papagei. »HIER SPRICHT CAPTAIN SILVER!«

Melwin nickte ernst und begann auf einem Tannenzapfen herumzukauen. Das war natürlich nicht der richtige Moment, um Tannenzapfen zu fressen, aber ich ließ ihn gewähren. Er ist nun einmal, wie er ist.

»Alright«, sagte er schließlich und legte sich in einem gebührenden Abstand zu Frau Blomgren und Captain Silver hin. »Du suchst die Langbeinigen, ich halte Wache!«

So machten wir es, um eine lange Geschichte kurz zu machen. Ich folgte weiter dem Pfad, und genau wie Melwin vorhergesehen hatte, stieß ich auf Höhe der alten Steinkate, in der in früheren Zeiten Fischer übernachteten, wenn ich es richtig verstanden habe, auf Herrchen und Frauchen.

»Sieh an, da bist du ja, mein Freund«, sagte mein Frauchen und strich mir über den Hals. »Aber wo hast du Melwin Melwinsson gelassen?«

Sie nennen ihn so, vielleicht, damit er ein bisschen größer wirkt, wenn er einen Nachnamen bekommt. Ich persönlich benötige keinen Nachnamen (Kierkegaard benutze ich lediglich als mein Pseudonym, wenn ich Bücher schreibe), mich bemerkt man auch so.

Kommt mit, dann bleibt es mir erspart, es euch zu erklären, dachte ich und trottete gemächlich in die Richtung los, aus der ich gekommen war.

Ich drehte den Kopf, um zu kontrollieren, ob der Groschen gefallen war.

»Er will, dass wir ihm folgen«, sagte mein Frauchen, die eindeutig die schlauere der beiden ist. »Es scheint etwas passiert zu sein.«

Und so marschierten wir also alle drei zurück durch den Wald.

Als wir Melwin, Frau Blomgren und Captain Silver erreichten, war die Lage unverändert.

»Oha«, sagte Herrchen. »Was ist denn hier passiert?«

»PROST UND WILLKOMMEN!«, schrie Captain Silver. »ZUM TEUFEL, ZIEHT EUCH DIE SCHUHE AUS!«

»Gott sei Dank«, platzte Frau Blomgren heraus, die unter Schmerzen an ihren Baumstamm gelehnt saß. »Ich sitze hier und kann nicht anders. Hat der Hund euch geholt? Was für eine clevere Töle!«

Ich mag es eigentlich nicht, »Töle« genannt zu werden, aber »clever« wog das natürlich auf. Ich bekam eine große Umarmung von Frauchen und zwei Leberleckerlis von Herrchen. Melwin kam selbstverständlich auf die Beine und erhielt die gleiche Ration.

Frau Blomgren erzählte ihre Geschichte, und ungefähr in der Mitte machte Herrchen sich auf den Weg, um den Transport zu organisieren. Ziemlich schnell kehrte er mit einer Schubkarre zurück, die sie mit Fichtenreisig und Moos auskleideten, woraufhin Frau Blomgren darin Platz nehmen konnte. Es war ziemlich beschwerlich, auf dem Pfad voranzukommen, aber schon bald erreichten wir die alte Militärstraße, und daraufhin wurden die beiden richtig schnell. Melwin wäre bestimmt auch gern in der Schubkarre gefahren, aber mit Frau Blomgren und dem Papagei war sie mehr als gut gefüllt.

»Was für ein Glück, dass ihr gekommen seid«, wiederholte Frau Blomgren von Zeit zu Zeit. »Und was für einen einmaligen Hund ihr da habt... na ja, das gilt selbstverständlich auch für den kleinen glotzäugigen.«

»Ich weiß«, sagte Herrchen. »Aber sitzen Sie jetzt bitte still, sonst kippen wir noch um.«

»SCHIFF AHOI!«, rief Captain Silver. »SO EIN SCHLAMASSEL!«

Ich überlegte, wie froh ich doch war, dass Herrchen und Frauchen niemals Gefallen an einem Papagei gefunden hatten, denn das wäre mir auf Dauer zu anstrengend geworden.

Ehe wir wussten, wie uns geschah, waren wir wieder zu Hause, und mein Herrchen fuhr mit Frau Blomgren und Captain Silver im Auto davon. Ich nehme an, ihr Gatte und der Schwager waren das Ziel. Oder das Krankenhaus? Mit einem Fuß, der aussieht wie eine französische Bulldogge, ist nicht zu spaßen.

Das meinte jedenfalls mein Frauchen, und sie ist immerhin Ärztin.

Und wo ist die Moralität, fragt möglicherweise der wissbegierige Leser. Tja, keine Ahnung. Ich habe ja gleich gesagt, dass ich das Wort nicht so richtig kapiere.

III.

Endstadien auf dem Lebensweg

(2014)

Darin enthalten: *Der Himmel der Hunde*

REYR UND SAFIR.
GEBRECHEN UND ALTER

Der Sommer 2014 wurde mein letzter.

Darüber hinaus war es der Sommer, in dem zwei neue, ebenso unerwartete wie willkommene Kameraden bei uns auf Gotland auftauchten.

Sie hießen Reyr und Safir und kamen aus einem kleinen Inselreich namens Island geflogen. Damit meine ich nicht, dass sie selbst flogen, das hätte nicht funktioniert, da es sich um zwei Pferde ohne den geringsten Ansatz von Flügeln handelte. Nein, mein Frauchen war zu dieser Insel draußen im Atlantik gereist und hatte sie gekauft, und daraufhin durften sie in einer Flugmaschine nach Schweden fahren und landeten so mit der Zeit auf einer ganz anderen Insel.

Es war bestimmt keine angenehme Reise. Als ich ihnen das erste Mal begegnete, sahen sie mager und deprimiert aus, aber nach zwei Wochen an einem einnehmenden Ort namens Gåsemora hatten sie sich ordentlich satt gegessen, und es schien ihnen ganz ausgezeichnet zu gehen.

Bald darauf kamen sie zu uns nach Hause und grasten rund um unser Haus, und ich lernte sie richtig gut kennen.

Wenn es im Garten des Herrn Tiere gibt, die philosophieren können, dann sind es Pferde. Sie mögen vielleicht nicht viel denken, aber sie denken groß. Ich erläuterte ihnen, dass ich seit meiner Zeit in Exmoor an ihre Art zu argumentieren gewöhnt sei, und sie erzählten mir zwischen dem Kauen (Pferde fressen praktisch ununterbrochen, aber am anderen Ende kommt auch mindestens genauso viel wieder heraus) vom Leben auf Island. Es ist offenbar ein vollkommen baumloses Land, weshalb es dort auch nur wenige Hunde gibt. Nichts da, woran man sein Bein heben könnte, wenn ihr versteht, was ich meine.

Vor allem Safir blieb zwischen dem Grasen oft stehen und blickte aufs Meer hinaus. Ich dachte, er hätte Heimweh, aber als ich ihn eines Tages darauf ansprach, antwortete er nur, es sei das gleiche Meer hier wie dort und auch das Gras schmecke ungefähr gleich.

Sowohl Herrchen als auch Frauchen sprachen Schwedisch mit unseren Isländern, aber wenn kein Mensch in der Nähe war, hielten wir Vierbeiner uns an *Nord-Dackelisch*, eine konstruierte animalische Sprache, erfunden vor hundert oder mehr Jahren von dem rauhaarigen dänischen Phonetiker Jeppe Blixen Jacobsen, und in den meisten Situationen kommt man mit ihr ziemlich weit. Zumindest zwischen Philosophen mit Schwanz in Nordeuropa. Und dort befanden wir uns schließlich.

Mein Frauchen ritt in jenem Sommer ziemlich oft auf

Reyr und Safir, aber so etwas war unter meiner und Herrchens Würde. Wir beide haben lieber festen Boden unter den Füßen, so war es schon immer, was aber nicht heißt, dass wir uns nicht über den Zuwachs unserer Familie freuten und ihn auch zu schätzen wussten.

Anfangs lief ich manchmal nebenher, wenn mein Frauchen ausritt (Schritt oder Trab oder Tölt oder Galopp – es ist unglaublich, wie viele Arten der Fortbewegung man hat, wenn man ein isländischer Gaul ist), aber je weiter der Sommer fortschritt, desto deutlicher spürte ich, dass mir dies schwerfiel. Ich wurde rasch müde, außerdem hatte sich ein heimtückischer Schmerz in meine Glieder geschlichen.

Unerfreulich und stärker werdend, möchte ich behaupten. Vor allem das linke Vorderbein tat mir weh, und an manchen Morgen kam ich nur mit Mühe und Not auf alle vier Beine.

Man darf nicht vergessen, dass ich in diesem Stadium meiner Lebensbahn in Menschenjahren gerechnet die achtzig deutlich überschritten hatte. Mir ist bewusst, dass besonders Menschen das mit dem Sterben ein bisschen schwierig finden, aber für uns Vierbeiner ist es die natürlichste Sache der Welt. Alles hat seine Zeit: Man wird geboren, lebt, stirbt.

Und alles Mögliche dazwischen und währenddessen.

FINITO

Als der Herbst kam und es Zeit wurde, das Winterhalbjahr in Stockholm zu beginnen, trafen wir unsere Entscheidung. Mein Herrchen und mein Frauchen heulten und zögerten und schoben es natürlich hinaus, so sind sie eben. Als sie jedoch sahen, wie ich mich die Treppe in Gamla stan hochquälte, und sie merkten, dass ich mit Vorliebe achtzehn Stunden am Tag schlief, begriffen sie, dass es keine Alternative gab. Ich richtete meine müden Augen auf sie und überredete sie einfach.

Zum Monatswechsel Oktober-November schlief ich auf Frauchens Schoß zum letzten Mal ein, während mein Herrchen über mir hing, als hätte er große Lust, mich auf dieser letzten Reise zu begleiten. Sie weinten beide Rotz und Wasser, und als es vorbei war, schienen sie fast untröstlich zu sein.

Aber wie ich schon mehrfach gesagt habe: A dog's gotta do, what a dog's gotta do.

And when a dog's gotta go, a dog's gotta go.

Ich denke nicht, dass ich übersetzen muss, was ich damit meine.

AUF DER ANDEREN SEITE

Und so lebe ich nun hier oben weiter.

Im Himmel der Hunde. Es ist wirklich kein schlechter Ort. Ehrlich gesagt erinnert er mich ziemlich stark an Gotland. Kleinere Dörfer und Natur, keine Städte, aber jede Menge Hunde. Es gibt hier sogar Katzen. Meine Nachbarn sind Haka aus Exmoor und Kastor, mein Jugendfreund aus Uppsala.

Ich bin konstant sechs Jahre alt, ein ideales Alter für einen Hund. Man hat noch den jugendlichen Esprit, besitzt darüber hinaus aber ein gehöriges Maß an Klugheit und die Fähigkeit, den Tag zu genießen. Manchmal regnet es, aber meistens scheint die Sonne – und Winter ist es nur einen Monat im Jahr (damit man trotz allem nicht vergisst, wie schön es sein kann, vor einem Kaminfeuer zu liegen, zu furzen und zu philosophieren wie in dem Pub in Winsford).

Ich bin nach wie vor Pazifist. Das sind wir auf dieser Seite alle.

Die unten auf der Erde habe ich auch recht gut im Auge. Meine sterblichen Überreste liegen an zwei verschiedenen Stellen in der Nähe unseres Hauses auf Gotland. Frauchens

Lieblingsplatz und Herrchens Lieblingsplatz. Sie gehen ziemlich oft zu ihnen, und wenn sie dort stehen und eine Kerze angezündet haben und vielleicht ein Gebet sprechen, ist es nicht weiter schwierig, Kontakt mit ihnen aufzunehmen. In letzter Zeit vor allem mit Herrchen, wir mussten ja des Öfteren miteinander reden, um diese Memoiren zu Papier zu bringen.

Außerdem erzähle ich ihnen, dass es mir im Himmel der Hunde ganz hervorragend geht und dass ich auf sie warte. Wenn der Tag gekommen ist, werde ich mit dem Schwanz wedeln und sie willkommen heißen.

Obwohl ich glaube, dass dies noch dauern wird. Ich habe einen Nachfolger bekommen, und man hofft ja schließlich, dass sowohl er als auch mein Herrchen und mein Frauchen ihr volles Maß auf Erden werden leben dürfen. Reyr und Safir natürlich auch. Und Melwin. Er heißt Hudson, dieser neue vierbeinige Philosoph, und sieht aus wie ein ungewöhnlich netter Fuchs, allerdings ein bisschen größer. Ich denke, er wird sich gut machen.

Es ist schön zu wissen, dass sie so gesehen in guten Händen, ich meine, Pfoten sind, mein Herrchen und mein Frauchen. Ohne Hund geht es den Leuten nicht gut.

So sieht es also aus, komplizierter ist das mit dem Leben und dem Tod nicht. Aber genug geredet und genug philosophiert. Kastor und Haka warten am Gartentor, wir wollen eine Runde drehen. Over and out.

SCHLUSSBEMERKUNG

Ein Lecken im Mundwinkel für Frauchen und auch für Herrchen; er hat den letzten Teil meiner Betrachtungen nach meinen Anweisungen zu Papier gebracht.

Mein Dank gilt darüber hinaus allen eventuellen Lesern. Wenn ihr nichts gelernt habt, so habt ihr doch wenigstens während der Lektüre keine Dummheiten angestellt.

Wuff, wuff aus dem Himmel.

Norton Kierkegaard, Hundephilosoph a. D.

Verlagsgruppe Random House FSC® N001967

1. Auflage
Copyright © 2018 by btb Verlag
in der Verlagsgruppe Random House GmbH,
Neumarkter Straße 28, 81673 München
Umschlaggestaltung: semper smile München
Umschlagillustration: Karin Hagen
Autorenfoto: © Ulla Montan
Satz: Uhl + Massopust, Aalen
Druck und Einband: GGP Media GmbH, Pößneck
Printed in Germany
ISBN 978-3-442-75749-7

www.btb-verlag.de
www.facebook.com/btbverlag

HÅKAN NESSER

btb

Frank McCourt

Die Asche meiner Mutter. Irische Erinnerungen
544 Seiten, Broschur, *btb* 72307

»Es ist das trauriglustigste Buch auf Erden. Eines, mit dem man die Liebe
erklärt. Es ist ein Buch, das lebt ... Ein Buch, das keiner vergisst.«
Die Weltwoche

Ein rundherum tolles Land. Erinnerungen
544 Seiten, Broschur, *btb* 72545

»Nach wenigen Seiten der Lektüre wiederholt sich das Wunder von ›Die
Asche meiner Mutter‹: Das Buch packt, ergreift, amüsiert und lässt einen
nicht mehr los.«
Süddeutsche Zeitung

Tag und Nacht und auch im Sommer
336 Seiten, Broschur, *btb* 73750

»McCourt hat sich wieder eingeschwungen auf seinen unnachahmlichen
Ton der bitter-komischen Selbstironie, in dem er nun über seine
30 Arbeitsjahre in New Yorker Klassenzimmern berichtet ...
Frank McCourt ist mit ›Tag und Nacht und auch im Sommer‹ eine
glänzende Fortsetzung seiner Memoiren gelungen.«
Deutschlandradio Kultur, Deutschlandfunk

Katariina Vuori · Janne Pekkala

Das Sauna-Kochbuch
Vom Aufguss zum Hochgenuss

192 Seiten, gebunden, btb 75745

**Das ungewöhnlichste Kochbuch des Jahres
mit über 90 fantastischen Rezepten aus Finnland.**

Die spinnen, die Finnen ... und sie können kochen!
Wer sonst würde auf die Idee kommen, Eintöpfe und leckere
Pfannen- und Grillgerichte in der Sauna zuzubereiten? Mit Porträts
der 19 schönsten und schrägsten Saunas des Landes und wunderbaren
Anregungen für gesellige Abende im Freien das perfekte Kochbuch für
alle, die gerne etwas Neues ausprobieren – ob mit Sauna oder ohne.

btb

Håkan Nesser

INTRIGO

608 Seiten, Klappenbroschur, btb 71601

Schuld. Rache. Buße.
Fünf Geschichten von Håkan Nesser in einem Band.

Ich setzte mich aufs Bett, um dem Schwindel entgegenzuwirken.
Spürte einen leichten, aber deutlich zu schmeckenden
Metallgeschmack auf der Zunge und fragte mich, wie zum Teufel
eine Frau, die seit dreißig Jahren tot war, wissen konnte, dass
ich nach K. zurückgekommen war ...

Håkan Nesser ist der Philosoph unter den schwedischen Krimiautoren.
Niemand schreibt hintersinniger, literarisch spannender und
atmosphärisch dichter als er.

btb